If the world were a village of 100 people
世界がもし100人の村だったら

池田香代子／C.ダグラス・ラミス 対訳

マガジンハウス

**2000年、世界には
61億人の人がいました**

In the year 2000 there lived in the world
6 billion 100 million people.

それから15年——

Now, 15 years later

世界には
73億人の人がいますが、
もしもそれを
100人の村に縮めると
どうなるでしょう

In the world
there are 7 billion 300 million people.
If we shrink this world to the size of
a village of 100 people,
what will it look like?

100人のうち
Of the 100 people

26人が子どもで
74人が大人です
そのうち
8人がお年寄りです

26 will be children,
74 will be adults,
and among those,
8 will be elderly.

60人がアジア人です
16人がアフリカ人です
13人が南北アメリカ人
10人がヨーロッパ人
あとは南太平洋地域の人です

60 will be Asians,
16 Africans,
13 from the Americas,
10 Europeans,
and one from the South Pacific.

54人は都市に
46人は農村や砂漠や草原に
住んでいます

54 will be living in cities, and
46 on farmlands, deserts and prairies.

都市に住む
54人のうち12人は
スラムの住人です

Of the 54 living in cities
12 will be living in slums.

33人がキリスト教
23人がイスラム教
13人がヒンドゥー教
7人が仏教を信じています
6人は、木や石など
すべての自然に
霊魂があると信じています
18人は、ほかの
さまざまな宗教を信じているか
あるいはなにも信じていません

Of these 100 people
33 will be Christians,
23 will follow Islam,
13 will be Hindus,
7 will be followers of Buddhist teaching, and
6 will believe in the spirits living in
trees and rocks and all of nature.
18 will believe in other religions,
or in no religion.

いろいろな人がいる
この村では
あなたとは違う人を
理解すること
相手をあるがままに
受け入れること
そしてなにより
そういうことを知ることが
とても大切です

In this village
with its many sorts of folks,
knowing that
you must understand people
different from yourself
and accept people
as they are
will be most important.

世界がもし100人の村だったら　お金篇

たった1人の大金持ちと 50人の貧しい村人たち

One super-rich villager
and 50 who are poor

世界には
いろいろな通貨があります
ドル、ユーロ、ポンド
人民元、円、フラン
クローネ、リラ、ペソ、ルピー
ルーブル、ウォンなど
ぜんぶで160種類以上です

Around the world there are
many sorts of currency:
dollar, euro, pound, renminbi,
yen, franc, krone, lira, peso,
rupee, rouble, won
– in all, more than 160 types.

通貨は
それぞれの国が発行し
それぞれの国で
使われます

Each country prints, mints,
and uses its own currency.

1年に モノやサービスを
売り買いした代金の合計が
その年に生み出された富、GDPです
2000年、世界のGDPは ドルになおすと
33兆ドル
でした
2015年は
73兆ドルです

The value of the goods and services
bought and sold each year,
that is, the wealth produced in that year,
is called the gross domestic product (GDP).
In 2000 the world GDP was
33 trillion dollars.
In 2015 it was 73 trillion dollars.

増えた富は　いちばん豊かな人びとのもとに
いちばんたくさん貯まりました。その結果
世界を100人の村とすると
世界の富のうち

49% は　1人のいちばんの大金持ちのもとに

39% は　9人のお金持ちのもとに

11% は　40人の、わりと豊かな人のもとに貯まりました

50人の貧しい人のもとにあるのは
たったの

1% です

Of this increase of wealth,
most went to the rich. As a result,
if we shrink this world to the size of
a village of 100 people,
of all the world's wealth
49% will belong to 1 super-rich person,
39% to 9 rich people,
11% to 40 moderately well-off people,
and to the 50 poorest people, a mere 1%.

100人の村では
1人の
大金持ちの富と
99人の富が
だいたい同じです

So the wealth of the
1 super-rich person in the village,
and the wealth of the other
99 are about the same.

それでも　この15年で
お腹がすいて死にそうな人は
9億人減って

8億人

になりました
きれいな水を飲めない人は
5億人減って

6億人

になりました

But still, in the last 15 years
the number of people who are starving
went down by 900 million
and now stands at 800 million.
The number of people
who have no clean water to drink
went down by 500 million
and stands at 600 million.

インターネットを使う人は
28億人増えて

32億人

になりました
中国では 自家用車が
1億2100万台増えて

1億2400万台

になりました

The number of people who use the internet
has increased by 2 billion 800 million
and stands at 3 billion 200 million.
In China, the number of private automobiles
has increased by 121 million
and stands at 124 million.

いっぽう 豊かな国ぐにでは
こんな人びとが増えています

At the same time there are,
in the rich countries, more and more people like this.

今まで働いていた工場が　なくなった
収入が　半分になった
働く時間が　長くなった
期限つきなど　不安定な仕事しかない
自分は大学を出たのに
子どもを大学に通わせられない
資格をとったのに　仕事がない
住んでいた家を　追い出された
病気になっても　薬が買えない

People who had been working in factories,
but then the factories disappeared.
People whose wages have been cut by half.
People whose working hours have increased.
People who have only insecure temporary jobs.
People who have been to college,
but can't send their children to college.
People who have licensed skills, but can't find work.
People who have been forced out of their homes.
People who are sick, but can't buy medicine.

**世界は　だんだん豊かになりながら
いちばん貧しい人びとの数を減らし
豊かな国の
わりと豊かだった人びとの数を減らし
新しく豊かになった国の
わりと豊かな人びとの数を増やし
お金持ちを大金持ちにしました**

As the world gradually becomes more prosperous,
the number of people in extreme poverty
and the number of people who are moderately well-off
are both decreasing.
In the newly prosperous countries
the number of people
who are moderately well-off is increasing,
while the rich are becoming super-rich.

なぜそうなったのでしょう
それには こんな理由があります

How does
It works

this happen?
like this.

多くの人びとは　会社にやとわれて働きます
会社によっては　会社のある豊かな国よりも
賃金の安い　貧しい国に　工場をつくります
すると　その国の人びとは
前より豊かになります
会社は　会社のある
豊かな国で働く人びとの賃金を　減らします
すべては　ほかの会社との競争に
勝つためです

Many people in the world work for companies.
Many of those companies,
rather than locating their factories
in the wealthy countries where they are based,
move them to poor countries,
where the wages are lower.
As a result,
the people in those countries become wealthier,
and the wages of the people
working in the wealthier countries,
where the companies are based, go down.
This is in order to win out in the competition
with other companies.

たとえば日本では　この15年で
人びとの賃金は　合計で12兆円減りました
働く人の年収は　平均50万円減りました
会社が貯めた儲けの合計は
2倍の380億円になりました

For example in Japan,
over the last 15 years
the total amount of wages paid out
has gone down by 12 trillion yen.
The average annual wage of a working person
has gone down by 500 thousand yen,
while total company internal reserves have doubled,
and stand at 38 billion yen.

世界の大きな会社は
何カ国にもまたがって活動し
多くの国ぐによりも
お金と力をもつようになりました

The world's great corporations
spread their operations over multiple countries
and have money and power
greater than many countries.

モノやサービスや情報は
国境をこえて売り買いされます
そのため
いくつかの通貨は　それぞれの国の中だけでなく
世界中で使われます　そのうち
44%はアメリカドル
16%がユーロ
11%が日本円
6%がイギリスポンド
3%がオーストラリアドル
です

Goods, services and information
are bought and sold across borders.
That means some currencies
are used not only in their own countries
but are also used all around the world.
Of the money that crosses borders,
44% is American dollars,
16% is euros,
11% is Japanese yen,
6% is sterling pounds, and
3% is Australian dollars.

よその国のモノやサービスや
情報を買うために
人びとは自分の国の通貨で
ドルやユーロを買います

When people from countries
with other currencies
want to buy goods, services
or information from abroad,
they need to sell their own currencies
to buy dollars or euros.

通貨のねうちは
さまざまで
いつも変わります
たとえば
1ドルは100円のときも
120円のときもあります

The price of money varies
and is changing all the time.
For example, the American dollar
sometimes costs 100 yen
and sometimes 120 yen.

もしも
いろいろな通貨をじょうずに
売り買いすれば
儲けることができます
世界の通貨取引額は
1日に 5兆ドル、
その15日分は
私たちが暮らすリアルな
世界のGDPと同じです

So if you skillfully buy and sell currencies,
you can make a lot of money that way.
The value of the money bought and sold
in the world each day
is 5 trillion US dollars.
In just 15 days,
that equals the value of the total GDP
in the real world we live in.

ほかに
儲けをえるために
売り買いされるモノは
石油、鉱物、大豆
小麦、コーンなど
たくさんあります

There are other goods
that people buy and then sell
to make money.
Oil, metals, soybeans, wheat, corn
are some of them.

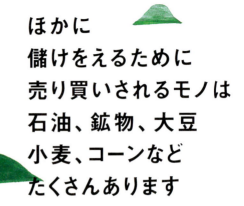

世界には
通貨のほかに
株や国債などの
かたちの
お金もあります

Aside from currency,
stocks and government bonds
can also be used as money.

株は
会社が事業のお金を
あつめるために
国債は
国が足りない予算を
おぎなうために 売ります
買ってくれた人びとに
会社は 儲けのなかから配当を
国は 利子を払います

Stocks are sold by companies
to raise money to do business.
Bonds are sold by governments
to supplement their budgets.
Companies pay stockholders
a share of their profits.
Governments pay bondholders
in the form of interest.

買った株や国債は
また売ることができます
そのねうちは　毎日変わるので
じょうずに売り買いすれば
儲けることができます

People who buy stocks
or bonds can also sell them.
Their values change every day.
So as with currency,
if you skillfully buy and sell securities
you can make a lot of money that way.

The value of the world stock market
has doubled over the last 15 years,
and will soon equal the value
of the total world GDP.

世界の株のねうちは
この15年で
2倍近くに増え
もうすぐ世界のGDPと
同じになります

通貨や商品や株や国債を
儲けをえるためだけに売り買いするのは
ギャンブルと同じです
お金が　こちらの人からあちらの人に移るだけで
私たちが暮らすリアルな世界には
なにももたらしません
けれど　この巨大なカジノでやりとりされるお金は
リアルな世界のGDPの

３倍以上です

This buying and selling of currency,
commodities, stocks and bonds is a
form of gambling.
Money is transferred
from one person to another
which contributes nothing
to the real world in which we live.
But the value of the money
transferred back and forth
in this giant casino,
is 3 times the value of the real world's GDP.

お金がお金を生むシステムを利用できるのは
お金持ちや大きな会社です
なかには
とほうもないお金を動かして
とほうもないお金を儲ける人や会社があります
コンピュータやAI（人工知能）を使って
通貨や石油や株や国債を
１秒に何千回も売ったり買ったりします

Those who can participate in this system
in which money gives birth to more money
are either the very rich people,
or big companies.
Among these are people or companies
who move absurdly large amounts of money,
and make absurdly large profits.
By using computers and artificial intelligence (AI)
currency or oil or stocks or bonds can be bought and sold
thousands of times per second.

儲けたお金で
お金持ちがモノやサービスを買えば
社会にお金が回って
人びとの暮らしもよくなります
けれど このギャンブルで儲かるお金は多すぎて
使い切れません
ありあまるお金で お金持ちは
また通貨や石油や株や国債を買います

If the rich use their money
to buy goods and services
the money flows back into society
and can improve people's lives.
But the money collected by the rich
in this form of gambling
is more than they can possibly spend.
So they use it in the game of buying and selling
more currency or oil or stocks or bonds.

お金のやりとりには　ルールがあります
手に入れたお金から　税金を払うのも
大切なルールです
ルールをつくるのは　政治の役目です
政治家は　ほとんどの国では
人びとが選挙で選びます
けれど　たくさんお金をもっている人びとや会社は
お金の力で　政治家を応援します　すると
ルールは　お金持ちにつごうよく
変えられていきます

In the matter of moving and making money,
there are rules.
One important rule is that
on the money you take in
you must pay taxes.
The making of these rules is the job of politics.
Politicians are in most countries chosen
by the people in elections.
But the rich use their money
to support certain politicians.
As a result, the rules are made so as to benefit the rich.

たとえば 日本の大金持ちは
40年前 収入の

75％

の税金を払っていました
いまは

45％ です

For example in Japan,
40 years ago the super-rich paid
75% of their income in taxes.
Today they pay only 45%.

会社がおさめる税金の率も
世界中でどんどん下がっています

All over the world
the tax rates for corporations
are rapidly declining.

国境をこえた特別な方法で
できるだけ 税金を払わないようにしている
お金持ちもいますし 会社もあります
そのぶん 国ぐにがあつめる税金は 減ります
そこで政府は
人びとの暮らしのために使うお金を 減らしたり
人びとからあつめる税金を 増やします
税金をのがれて どこかに隠れてしまうお金は
年に

7兆ドル
かもしれません

25兆ドル
かもしれません

The rich can also avoid taxes
by moving their money outside the country.
This method is used by both rich individuals
and by corporations.
So the amount of money each government
is able to collect in taxes is reduced.
This means that those governments have less money
to use for public welfare.
It also means that those governments
must collect more taxes from ordinary people.
The amount of money hidden away every year
to avoid taxes might be 7 trillion dollars
or it might be 25 trillion dollars.

秘密なので
よくわかりません

No one knows. It's a secret.

こうして　私たちが
働いてかせいだお金で暮らす
リアルな世界から
大金を動かして
お金を儲ける人びとのほうへと
お金は流れつづけます

In this way,
money flows from the real world
in which we live and work,
to the rich, who use it
to make more money.

And while this poverty does

世界の子どもを100人とすると
8人が
家計をささえたり
親の借金を返すために 働いています

If we think of the world's children
as being just 100 in number,
8 of them, to help support their families
or to help pay their families' debts,
are working.

小学校に通うはずの100人のうち
9人
は通っていません
中学校に通うはずの100人のうち
34人
は通っていません

For every 100 children of elementary school age,
9 are not going to school.
For every 100 children of middle school age,
34 are not going to school.

貧しさのために
5秒に1人
子どもが
死んでいます

In the real world
one child dies of poverty
every 5 seconds.

気候変動のために
台風や洪水　干ばつや山火事が
よく起きるようになりました
災害で　いちばんたいへんな目にあうのは
貧しい人びとです

Because of climate change
there has been an increase in typhoons and flooding,
drought and forest fires.
The people who suffer the most
from these disasters are the poor.

毎日　世界のどこかで戦闘が起きています
世界の子どもを100人とすると
11人が　戦火のもとで暮らしています
1人は　戦火のふるさとをはなれて
難民として暮らしています
戦争が起きるのは　たいてい貧しい国です
そうでなくても　戦場になった国は貧しくなります

Every day, somewhere in the world, wars are going on.
If we think of the world's children
as being just 100 in number,
11 live in war zones and
1 lives as a refugee far from home.
Wars are mostly fought in the poor countries,
or when that is not so
the countries they are fought in become poor.

貧しさは
社会のありかたにも
根ざしています
お金だけで
なくすことはできません
でも お金にできることは
たくさんあります

Of course, poverty is a social condition,
and can't be eliminated only with money.
But with money, much could be done.

貧しさをなくすには 年に
2810億ドル あればいいのです

It has been estimated that
to begin the elimination of poverty from the world
would require 281 billion dollars per year.

660億ドルは
ひどい貧しさをなくすしくみのために
1000億ドルは 健康のために
502億ドルは 食べ物のために

66 billion for a system for
eliminating absolute poverty,
100 billion for health,
50 billion 200 million for food,

380億ドルは
子どもたちが学ぶために
268億ドルは 安全な飲み水や
清潔なトイレや
きちんとした下水道のために

38 billion for schools,
26 billion 800 million for safe water,
clean toilets and proper drainage.

国連には 貧しさをなくすための組織があって
年100億ドルを使っています
けれど ほんとうに貧しさをなくすには
毎年 その
28年分が必要です

The United Nations has organizations working
to eliminate poverty,
which spend around 10 billion dollars a year.
But truly to begin eliminating poverty from the world
would require, each year,
28 years of the UN budget devoted to that.

Where could money come

こんなお金 どうしたら
あつめることができるでしょう

that kind of from?

でも
思い出してください
世界には　大金持ちがいる
ということを

But remember this:
there are people in this world
who are super-rich.

たとえば　世界には
1800人のとびきりの
大金持ちがいて あわせて
6兆ドル以上の
財産をもっています

For example,
there are 1800 people
whose total wealth is more than
6 trillion dollars.

If a tax of only 1% were put
on the wealth of these ultra-super-rich,
that would yield 60 billion dollars a year.

もしも
とびきりの大金持ちの財産に
1％の税をかけると

1年に
600億ドル

があつまります

思い出してください
毎日たくさんの通貨が
売り買いされている　ということを

And remember this:
every day fabulous amounts of currency
are bought and sold.

If a .005% tax were placed
on this currency trading,
that would yield,
60 billion dollars per year.

もしも
通貨の売り買いに
0.005％の税をかけたら

1年に
600億ドル

があつまります

気候がこれ以上変わるのを防ぎ、
起きてしまった災害に手当てをするには
年に
8000億ドル
が必要です

To prevent further climate change
and to respond to the disasters it causes
would require 800 billion dollars a year.

One of the causes of climate change
is carbon dioxide.

If a tax of 25 dollars per ton
were placed on carbon dioxide emissions
that would yield
800 billion dollars a year.

もしも
気候変動の原因のひとつとされる
二酸化炭素を
工場が1トン出すごとに
25ドルの税をかけたら

1年に
8000億ドル

があつまります

世界では 年に
300億ドル
の武器が
取引されています

Every year 30 billion dollars are spent on
the international weapons trade.

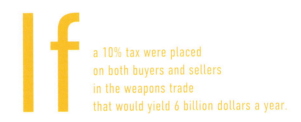

If a 10% tax were placed
on both buyers and sellers
in the weapons trade
that would yield 6 billion dollars a year.

もしも
武器を取引するそれぞれの側に
10%の税をかけたら
1年に
60億ドル
があつまります

国際線の飛行機は 年に

14億人以上

の人びとを運んでいます
飛行機で外国に行くのは
ほとんどが わりと豊かな人びとです

Every year more than 1 billion 400 million people
fly on international airlines.
People who fly on international airlines
are generally pretty well-off.

もしも
国際線のチケットに税をかけたら
どうなるでしょう

What if a tax were placed
on international air travel tickets?

このしくみは
もういくつかの国ぐにで始まっています
航空券連帯税といって
乗客は 1ドルから5ドルくらい払います
この10年で 15億ドルがあつまり
途上国のエイズや結核やマラリアを
なくすために使われています

Actually, in a number of countries
this system is already in place.
Travelers pay between 1 and 5 dollars.
It's called Solidarity Levy on Air Tickets
In the last 10 years it brought in 1 billion 500 million dollars.
The money is used for the prevention and cure of
AIDS, tuberculosis and malaria in the poorer countries.

If all countries joined this project
it could bring in at least
1 billion 400 million dollars a year.
Neither Japan nor the US has joined
in this project.

もしも すべての国が加わったら
1年に少なくとも

14億ドル

があつまります
日本とアメリカは
まだこのしくみに加わっていません

2050年
世界の人口は
97億人を
超えるでしょう

By the year 2050
the world population
is expected to exceed
9 billion 700 million.

マハトマ・ガンジーはいいました
「道徳なき商売は罪である」と

Mahatma Gandhi once said,
"Commerce without morality is sin."

こんなことばもあります
「うばい合えば足らぬ わけ合えばあまる」

There is also this saying:
"When people scramble to get more
there is never enough.
When they share,
there is a surplus."

地球は　ひとつしかありません
ほんの少し　分けあうしくみが　ととのえば
世界は　変わります
女性も　子どもも　お年寄りも
障がいのある人も　病気の人も
どこに生まれようと
だれひとり　貧しさの中に
置き去りにされることなく
子どもたちも　その子どもたちも
みちたりて暮らせる
世界へと

世界は大きな船です
すぐには針路を　変えられません
ゆくてには　巨大な氷山がそびえています
ぶつかれば　船は沈んでしまいます
でもいま　船はコースを変えはじめています
たくさんのわたし・たちが　力をあわせれば
この船を　より好ましい目的地にみちびくことは
可能です
きっと

There is only one earth.
If a system were put in place
for sharing even this small a portion
of the world's wealth
the world could be changed to
a place where women, children, elderly people,
disabled people, people with illnesses
no matter where they were born
would not be abandoned in the midst of poverty;
a place where they,
and their children,
and their children's children,
could live in happiness.

The world is a great ship,
and cannot quickly change its course.
But ahead are giant icebergs.
Hit one, and the ship goes down.
But the ship has begun to turn away.
If enough of us put our strength together
sailing to a different destination,
will be possible.

Take a shovel, go to any field or garden
and begin to dig a hole.
You will pass through soil rich with roots,
insects and microorganisms and reach the hardpan,
which does not sustain life.
Take a trip by air,
and the airplane will take you
to a height where no bird flies.
Oxygen is pumped into the cabin
so the passengers will not die of asphyxiation.
Between the bottom of your hole and your airplane
is what we call the biosphere:
as far as we know,
the only place in the universe
where life is possible.

スコップを持って畑か庭へ行き、穴を掘り始めると、根っこや虫や微生物で豊かな土が出てきます。そのまま掘り進めると、命がまったく住まない土の層に行き当たります。飛行機に乗ると、飛行機は鳥も飛ばない高さまで上ります。乗客が酸欠で死なないように、客室は酸素で充たされています。穴の底と飛行機が飛ぶ高さの間が、生物圏です。私たちが知る限り、宇宙の中で人間が生きられるたったひとつの場所が、この地球の生物圏です。

Within this biosphere,
we humans have created an industrial society
that produces fabulous wealth.
But much of this wealth is wasted
producing useless things, harmful things,
or on gambling, which produces nothing.
The extreme inequality created by this system
destroys human solidarity,
destroys human dignity,
destroys hope,
and produces rage and war everywhere.
And in the meantime, the biosphere
is overheating and steadily shrinking.

生物圏で、私たち人間は、とてつもない富を産む産業社会を作りあげました。しかし、富の多くを無駄に使っています。いらないものや有害な物を作り、あるいは何も生産しないギャンブルに使っています。しかも富の多くは、極端な不平等を生み出しています。不平等は、人と人の連帯を壊し威厳を壊し、希望を壊します。そしていたるところで、憎悪と戦争を引き起こしています。一方また生物圏は、産業社会の営みのせいでオーバーヒートし、少しずつ縮んでいます。

To turn this process to a different direction
we don't need to become saints.
It only requires the plain common sense
that we already have.
To put pollutants in our water, and drink it,
to make enemies of our fellow humans,
and fight them, to destroy the biosphere:
these things defy common sense.
To create an era where despair is common sense,
is a very stupid thing to do.

Money cannot solve all our problems,
but it can begin to turn the operation
of the world economic system to a different direction
so that hope can again be common sense.

このなりゆきの方向を変えるのに、聖人になる必要はありません。私たちみんながすでに持っている、ふつうの常識で十分です。水に汚染物を入れて飲むのは、非常識です。仲間であるはずの人間たちが、敵同士になって戦うのは、非常識です。絶望感が常識になる時代を作るのは、かなり愚かなことでしょう。

お金だけで、私たちのすべての問題は解決できません。しかし、今の世界経済のしくみを方向転換させることはできます。そのとき、希望はまた私たちの常識になるのです。

———————— C. Douglas Lummis
C. ダグラス・ラミス

If the world were a village of 100 people

世界がもし100人の村だったら　お金篇

たった1人の大金持ちと 50人の貧しい村人たち

解 説

世界がひとつになる、という言葉に、私たちはわくわくします。ジョン・レノンは、そうなったら戦争がなくなる、と歌いました。世界がもし100人の村だったらというコンセプトも、このわくわく感に根ざしています。

　今、私たちが生きているのは、まさに世界がひとつになった、グローバリゼーションの時代です。この時代の幕開けには、人、モノ、カネが自由に行き交う、より豊かでより合理的な、平和な世界が約束されていました。

　ところが、現実はどうでしょう。戦争やいさかいは後を絶たないいっぽうで、またたくまに地球を覆ったインターネットのおかげで、情報とお金がいち早く大きな自由を得ました。その結果、情報とお金を手中におさめたほんの一握りの人びとが、時代の覇者として躍り出ました。

　自由度を増したお金は、お金だけの空間ではげしく動き回って自己増殖にふけります。あるいは、ある地域にどっと押し寄せて人びとを貧しさから抜け出させ、べつの地域ではある日突然すっと引き上げられて、それまでの生活レベルを保てなくなる人びとを出現させます。グローバリゼーションの時代、世界は変わらぬ貧しさの底に沈んでいる人びとと、新たに貧しくなった人びと、2種類の貧しさに苦しむ人びとを抱えることになりました。

　変わらぬ貧しさが間違った正義感を育み、遠い外国でのテロというかたちをとったのが、21世紀の始まりだったとすれば、新たな貧しさが社会のなかなど近いところで敵を名指し、排斥や分断という自傷行為に走っているのが、ここ10年あまりといえるかもしれません。

　これらは、お金が自由にふるまえるしくみはどんどん作るけれど、その弊害を和らげ、すべての人びとがまっとうに生きられるしくみを整える努力を怠った結果ではないでしょうか。

　富を求める活動は、野放しにすれば野蛮になります。でも、かつては正当な富の追求の手段だった奴隷制度も植民地支配も、とっくに不正義のレッテルを貼られています。同じように、いま大手をふるっている、なりふりかまわず利益を追求する経済活動にも、人類全体そして地球環境にとって不都合だとの判断がくだされ、世界規模で新たなルールを課される日は近い、と信じたいのです。そのとき、この新しい野蛮時代が終わり、世界じゅうのすべての人が尊厳をもって生きる、グローバル民主主義の時代に近づくことができるのではないでしょうか。

―――――――――― **池田香代子**

世界をかけめぐる
「マネー」なるものの正体

内橋克人

「おカネ」と「マネー」は違います。日常の必需品と引き換えに代価として支払う「おカネ」、そしてまた労働の報酬として受け取る賃金、そのうちの幾分かは将来に備えて蓄える——ささやかな預貯金も含めて私たちの身の回りに「おカネ」は確かに存在しています。しかし、触れることはむろんのこと、見ることさえできないのが「マネー」です。このケタ外れのマネーが世界を震わせ、人びとの生活を根こそぎにする。現代に生きるすべての人は、常に「マネー」が引き起こす経済動乱と生活攪乱のリスクにさらされているのです。

日本語に訳せば、「マネー」はすなわち「おカネ」となってしまいますが、いま私たちはこの2つを峻別しなければならない「マネー資本主義」の時代のまっただ中に生きているのです。いったい、「マネー」とは何でしょう。最近の出来事を2つ選んで振り返ることで、「おカネ」と「マネー」の違いは浮き彫りになるでしょう。

第一は1997年、タイ・バーツに始まった「アジア通貨危機」であり、第二は2008年、サブプライムローン破綻に発した「リーマン・ショック」です。いずれもアメリカ発の経済動乱ですが、いま中央銀行・日銀が「異次元の金融緩和」を進めて社会を「マネー・ジャブジャブ」にし、人びとのインフレ期待をあおろうと謀る安倍政権下の私たちも、深刻なマネーのリスクにさらされていることはいうまでもありません。世界の仕組みを深く知るには、その前提として世界をかけめぐる「マネー」なるものの正体を冷徹に見極める眼力が欠かせません。

アジア通貨危機を引き起こした「マッド・マネー」

「血塗れのバーツ」という悲鳴にも似た言葉を耳にしたことがあるでしょうか。バーツとはタイ国の通貨です。それが「血塗れ」となり、やがてアジア通貨危機の引き金を引く。通貨戦争に襲われたバーツが悲惨な結末に至るまでの道のりをたどり直してみれば、マネーとは何か、その一端を知ることができるでしょう。

1997年5〜7月、タイの通貨バーツが為替市場で急落し、2ヵ月後にはインドネシア・ルピアに、その後は瞬く間にフィリピン・ペソからマレーシア・リンギッ

うちはし・かつと●新聞記者を経て、1967年より経済評論家。宮沢賢治・イーハトーブ賞、NHK放送文化賞などを受賞。著書に『原発への警鐘』(講談社)、『共生の大地』『内橋克人　同時代への発言(全8巻)』(ともに岩波書店)、『もうひとつの日本は可能だ』(文藝春秋)など、共著に『始まっている未来』(岩波書店)などがある。

トへ、やがて韓国・ウォンもまた……と、アジアの国々を次々と呑み込んでいきました。わずか3ヵ月ほどでバーツは40％近い急落です。これが「通貨戦争」であり、激しい攻防戦の末、勝利を収めたのは「マネー」であって、タイという「国家」ではなかった。つまりマネーが勝って国家が負けるという結末でした。

バーツを断崖絶壁に追い詰めたのは、アメリカ発の「ヘッジファンド(投機的投資業者)」が仕掛けた「通貨の空売り」というものでした。この猛威を振るったヘッジファンドの「利が利を生む」からくりをみていくことにしましょう。

各国の通貨を売買する場が為替市場(取引所)です。ヘッジファンドはその為替市場で「空売り」を仕掛ける。空売りとは「現物」を所有していなくとも巨額の売買ができる取引のこと。為替を「買う」ときに同時に「売る」契約を結ぶ。差金決済とも呼ばれます。売り浴びせて市場価格を下げれば下げるほど、「買い戻し」の対価は少なく済み、したがってその差額、つまり儲けは大きくなるのです。実体経済とは関係なく相場が変動すればするほど「差益」が膨らむ。ヘッジファンドは"進化するIT技術"と組み、猛烈なスピードで「空売り」と「空買い」のサイクルを回転させる。すると、ますます巨大な「差金」が積み上がっていく——そういう仕組みになっているのです。ヘッジファンドのほうも為替相場を動かせるだけの力、つまりは巨額のマネーを保有していなければなりません。

このように日常のおカネとはかけ離れたところで、マネーは最先端の技術と組んで「ITマネー」となり、そのITマネーが世界経済を動かす——そのような「マネー資本主義」が私たちの生きる社会の実相です。

それでは、いったいなぜ「バーツ」は当時、この狂暴なヘッジファンドの格好の餌食になってしまったのでしょうか。

「実のおカネ」と「虚のマネー」

1980年代、アメリカは「双子の赤字」に悩んでおり、増加しつづける日本の対米輸出が憎まれ役としてやり玉に挙げられていました。日本の円相場が安すぎるから日本製品の競争力が強くなり、アメリカの貿易赤字が増えてしまう、と。

問題を解決するには、もっと「円高」にすべきだというわけです。

　財政赤字、貿易赤字という「双子の赤字」に悩むアメリカが、自ら主導して円安ドル高の是正を狙って開いたのが「プラザ合意」（1985年）でした。これを機にアメリカの望み通り、風向きは一転。逆に為替相場はドル安・円高へ、つまりドル相場の下落が始まった。そこまではまだよかったのかもしれませんが、困ったことに、これに続いて起こったのがアメリカ国内でのインフレでした。ドル安、国内物価上昇、インフレへ、の逆サイクルが回り始め、慌てたアメリカ政府はインフレを抑制、そのために再び「ドル高」誘導へと為替政策を逆回転させざるを得なくなってしまったのです。

　この大国のふるまいに振り回されたのがアジアの国々でした。なぜなら、タイをはじめ先に挙げた国々は「ドル・ペッグ制」といって、自国の通貨をドルに連動させる制度をとっていたからです。ドルが高くなればバーツもルピアもペソもリンギットも高くなる。逆にドル安になれば安くなる、という仕組みでした。当然、大国の通貨の変動は、それら強い経済力をもっているとは言い難いアジアの新興国に直接ハネ返った。先に触れたように、理由の如何を問わず相場の変動こそは、ヘッジファンドはじめあらゆる種類の投機家、投資家（機関投資家を含む）にとって、舌なめずりしたくなるほどの、願ってもない好機です。案の定というべき展開が始まりました。これが「アジア通貨戦争」のまさにとば口になってしまったのです。

　ドルに連動するバーツはドル高になれば一緒に高くなる。しかし、実体経済の力はついてこない。バーツの相場と実体経済の間に乖離が生まれる。そのすき間を衝いてヘッジファンドが巨額の「売り」を仕掛ける。タイ国政府は自国通貨バーツを買い支え、さらなる下落を抑えなければならないが、余りに急速な通貨の下落に追いつけず、ついには他国に支払うべきドルを調達することさえできなくなった。この間、政府支出との「差金」は「売り」を仕掛けるヘッジファンドの懐に入ってしまい、資金力を蓄えたヘッジファンドは勢いに乗って「売り」を加速させる。この悪循環を繰り返しているうち、ついに政府がいくらバーツを買い支えても支えきれないドン底へと落ちてしまった。ヘッジファンドとの根比べで、先に音をあげたのは国家のほうだったということです。

　破綻国の前にはIMF（国際通貨基金）からの支援と引き替えに厳しい「縛り」が待っていて、結局、IMFの指図通り、市場開放、外国資本の行動自由化、国営企業の民営化……お定まりの「改革」を実行していく羽目になりました。勤勉なタイ庶民がせっせと働いて蓄えたささやかな預貯金も、突然の支払い停止の

憂き目にさらされた。正当な勤労の報酬が「マネー」を操るものの掌中へと移転されていく。アジアの多くの国で同じ悲惨が続きました。

以上がアジア通貨危機の始まりとその帰結です。

磨きがかかった「金融工学」

2008年、今度はもっとすさまじい危機に世界は見舞われることになります。それが、「リーマン・ショック」です。東京・日比谷公園内に急遽、作られた「派遣村」はいまも記憶に生々しいところではないでしょうか。まずは、その前段の「サブプライムローン破綻」から検証を始めましょう。

「アジア通貨危機」の勃発から11年余、この間に最も進化をとげていたのがマネーを操る技術（金融工学）、そしてもう1つ、IT技術でした。マネーを「商品化」するテクニックにますます磨きがかかっていたのです。この2つの技術進歩が可能にした複雑怪奇な「サブプライムローン」とは何だったのか、その異様な実態を解きほぐしておきましょう。

はやくからアメリカでは、低所得者や生活困窮者に、せめて「雨露をしのぐ住まい」だけでも提供しようというNPD（プライベート・ノン・プロフィット・デベロッパー）などのボランティア活動が行われてきたのですが、時あたかも1980年代、かのレーガン政権によるレーガノミクス（レーガン政権下で展開された新自由主義的経済政策）が登場し、政府が行ってきた低所得者向け住宅補助政策などはあっさりと切り捨てられ、全米にホームレスが溢れます。

彼ら困窮者を救おうとの使命感に満ちた運動は、80年代に入って全米各地で急速な広がりをみせました。増える低所得の家族に非営利・低金利で資金を貸し付けるCDIF（地域開発金融機関）も全米で800事業所を数えたことがあります。

そこへなだれ込んできたのが、問題の「サブプライムローン」でした。「これはうまい市場ではないか」と目をつけ、後にIT不況からの景気回復を不動産バブルに託したブッシュ政権の時代になると、低所得層を狙うこの住宅ローンは、金融機関や不動産業者にとって"もってこい"のお狩り場へと育っていきます。

背後には、世界を代表するほどの大手金融機関が控えていました。

異様な「経済的不道徳性」

その低所得・貧窮層を相手に住宅ローン市場に乗り出してきた金融機関の「サブプライムローン」には、本源的な「不道徳性」が隠されていました。

そもそも「サブプライム」とは何でしょうか。住宅を購うに足るだけの所得が

ない、資産も蓄えもない、また過去にクレジットの支払いを滞らせたことがある、などの経歴をもつ、つまり信用力の低い「要注意」の借り手を指して、金融界では「サブプライム」と呼んできたのです。逆に信用力の高い層が「プライム」であり、その間にまた幾段階も信用力に応じたランキングが存在しています。

　返済能力に疑問符のつく借り手を探し出してきてはマイホームの夢をあおり、住宅購入をそそのかす。借り手が容易に見つかるのは、何よりもローンの返済方法に巧妙な細工が施されていたからです。手練手管の手順を示してみましょう。

　①ローン返済の条件＝最初の2～3年は返済利子を極端に低く設定する。無利子というのもありましたが、その後、突然、支払い利子がハネ上がる――そういうラディカルな「変動金利」が売り物で、金融機関は甘いことばで誘いをかけます。「あなた、2～3年後、返済金利が高くなる頃には、必ずこの家の評価額がベラボーに高くなっていますよ。その差額を担保にしてまたおカネをお貸しします。もっと条件のよいローンに乗り換えて頂いても結構です」――こうして業者は一人の借り手に何度もカネを貸し付けては手数料を稼ぐことができました。

　②融資した資金には「化学変化」を起こさせる＝サブプライムの人びとに融資したおカネ、つまり金融機関にとってのローン債権は幾段階も細工を施したうえで、全く別物の金融商品に変えてしまう。あたかも化学変化を起こさせるように。

　③買い取った金融機関は化学変化後の（別物の）金融商品をすぐさま証券化する＝組成された証券は市場を介してまた別の金融機関へ流れていく。「住宅ローン担保証券」の誕生です。「おカネ」が「マネー」へと変質する瞬間といえるでしょう。

　④世界市場へバラまく＝次にこれらの証券を裏付けにさらに新たな証券を、リスク別に組成しては世界にバラまく（債務担保証券）。証券を買い取った投資家や企業家は、それらを担保にコマーシャル・ペーパーという新たな金融商品を発行し、それを担保にまた金融市場から現金を調達しては次なる運用先へと振り向けていく。

　⑤「特別目的会社」を租税回避地に設立する＝ついにはこれら複雑な証券化商品に投資する「特別目的会社」（コンデュイット＝導管の意）をタックス・ヘイブン（租税回避地）に設立する。税金を逃れるだけでなく、偽装ミート肉さながらに、どこに、何が、どれだけ混ぜられているのか、腐肉の選別さえできないようにするためです。アメリカ最大手のシティ・グループなどは租税回避の天国・ケイマン諸島に名目会社を設立し、しかし、実際の資金運用はロンドンで、というほどのしたたかさでした。

以上、サブプライムローンの導管（経路）をたどり直し、「虚の経済」の輪郭を示してみました。「このままで済むはずはない」と心ある人びとは眉をしかめていたはずです。案の定、2008年9月、恐れていた通りの大破綻がやってきます。それが第二のテーマとして挙げた「リーマン・ショック」だったのです。

イラク攻撃からリーマン・ショックまで

　世界恐慌一歩前とまでいわれた歴史的な経済破綻は、かのジョージ・W・ブッシュ大統領（在任2001～09年）のアメリカを震源地として発生し、たちまち世界に波及しました。ブッシュ大統領といえば同時多発テロやアフガン侵攻、イラク攻撃を思い浮かべる人が多いでしょう。が、実は国内経済においても後世に災いを残すほどの政策ミスを数々おかしていたのです。ITバブルの崩壊から経済を立て直すため「不動産バブル」に賭けたのもその一例でした（ちなみに、彼は歴代史上最低の支持率19％を記録しています）。

　すでに触れました「高リスクのサブプライムローン」が全米をかけめぐった背景に、ブッシュ政権の経済政策があったことを、私たちは記憶にとどめておく必要があるはずです。狂乱のピークに達した途端、バブルははじけ、みるみる住宅・不動産価格は下落していく。2008年9月15日、ついにその日はやってきました。巨額の「サブプライムローン」の債権を抱えていた全米第4位の投資銀行「リーマンブラザーズ」が、その日、連邦裁判所に連邦倒産法の適用を申請し、事実上の破産を宣言したのです。住宅バブルが崩壊し、政府の公的資金投入も発動されず、両手を挙げざるを得なくなった、というのが真相でした。

　不動産バブルのさなか、数え切れないほど編み出された金融派生商品の投げ売りが始まり、負の連鎖へと突入する。リーマンブラザーズだけで負債総額は日本円で64兆円といわれたものでした。8年余を経た今日なお、このとき発生した不良債権の少なからぬ部分が行方不明。どこに、どれだけ、どのような形で紛れ込んだまま残っているのか――いまだ明らかではないといわれます。

　さて、トランプ米大統領は選挙戦のさなか、「メキシコとの国境に壁を築く。費用は相手持ち」と叫びました。不法移民を入国させないために、と。けれども、いかに堅牢な壁をもってしても、マネーの奔流を堰き止めることはできません。トランプ大統領の誕生をもって、「グローバル・マネー資本主義の終わりの始まり」などとする講釈は、これからの世界の現実によって裏切られるでしょう。私たちはいまこそ「マネー」と「おカネ」の別を問うべきです。

国連ミレニアム開発目標から
未来に続く私たちの課題

大野容子

手が届かなかった人まで

　私たちが暮らす世界は、貧困、環境悪化、紛争などのさまざまな問題を抱えています。そうした地球規模の課題は、国際社会が力をあわせて取り組むことがとても重要です。そんな考えに基づき、2000年に国連において「国連ミレニアム宣言」が採択されました。同宣言と、1990年代に開催された主要な国際会議・サミット等で採択された様々な開発に関する国際的な目標を統合してつくられたのが「ミレニアム開発目標(MDGs)」です。MDGsは、2015年までに達成するべき8つの分野の目標(ゴール)と具体的な目標値を定めたターゲットを掲げました。

　表(次頁)にあるように、目標のいくつかではすばらしい進歩があり、いくつかの目標は達成されました。一方で、達成できなかった目標やターゲットもあります。MDGsの4つめの目標「乳幼児の死亡率を下げる」、5つめの目標「妊産婦の健康を改善する」では、死亡率などに改善がみられたものの、目標は達成されませんでした。また、世界全体が協力することを掲げた8つめの目標「地球規模のパートナーシップを築く」も、金融システムの不安定さや途上国の債務増加など、課題は残されたままです。

　さらに、世界全体では進歩が見られても、地域ごと、国ごとにみると達成の度合いに大きな差があったり、国全体でみると大きく改善していても、ジェンダー、収入、民族、都市と農村など、さまざまなグループ別でみると、大きな格差があることがわかりました。

　MDGsの達成期限が近づく2012年前後には、MDGsの次の目標をどうするかという議論が活発になりました。国際社会が協力したために、「手の届く人々」には支援の手が届いた、しかし「手の届かない人々」が取り残されてしまっている――そうした問題意識が生まれ、これまでなかった「格差」の解消が新たな目標の一つとして、2016年から2030年までの「持続可能な開発目標(SDGs)」に加えられました。「誰一人取り残さない」ことが中心的なコンセプトになったのです。

おおの・ようこ●外資系石油会社にて財務調査本部勤務、並行してHINTにてベトナム少数民族の生活支援、ザイール奨学生事業に携わる。退社後、PARCにて開発援助に従事。英国留学後、PARC事務局長・代表理事、2009年より民間シンクタンク勤務を経て、現在、公益社団法人セーブ・ザ・チルドレン・ジャパンにて活動。

国連ミレニアム開発目標＆成果

目標	2000年	2015年
1. 極度の貧困と飢餓の撲滅 1日1.25ドル未満で生活する人々の割合を半減させる	極度の貧困で暮らす人（1999年） 17億5100万人 ➡	8億3600万人
2. 普遍的な初等教育の達成 すべての子どもが男女の区別なく初等教育の全課程を修了できる	開発地域における小学校の純就学率（1999年） 83% ➡	91%
3. 男女平等と女性の地位向上 すべての教育レベルで男女格差を解消する	男子に対する女子の小学校就学率 サハラ以南アフリカ 85%　南アジア 84% ➡	サハラ以南アフリカ 93%　南アジア 100%
4. 乳幼児死亡率の引き下げ 5歳未満の乳幼児死亡率を、1990年に比べて3分の2引き下げる	5歳未満の子どもの世界的な死亡率（1990年） 1270万人 ➡	600万人
5. 妊産婦の健康の改善 妊産婦死亡率を1990年に比べて4分の3引き下げる	妊産婦死亡率（出産10万対）（1990年） 380 ➡	(2013年) 210
6. HIV/エイズ、マラリア、その他の疾病の蔓延防止 HIV/エイズの蔓延を阻止、その後減少させる	抗レトロウイルス療法を受けた人（2003年） 80万人 ➡	(2014年) 1360万人
7. 環境の持続可能性の確保 安全な飲料水を持続的に利用できない人を半減させる	改良された飲料水源を使用している人（1990年） 76% ➡	91%
8. 開発のための地球規模のパートナーシップの構築 情報通信技術などを有効に活用する	インターネットの普及率 6% ➡	43%

出典：国連ミレニアム開発目標報告2015
＊報告書は以下のサイトから全文入手できます。http://www.un.org/millenniumgoals/（英語）
＊SGDsの詳細は以下のサイトから入手できます。http://www.savechildren.or.jp/lp/sdgs/（日本語）

また、2012年の国連持続可能な開発に関する会議（リオ＋20）において、地球許容量の限界（Planet Boundary）を念頭に開発を進めていくと決められたことを受け、SDGsの策定においては「開発」と「環境」を別々にせず、統合して議論されました（2015年9月の国連総会で加盟国全会一致で採択）。目標の数もMDGsの8から大幅に増え、17になりました。さらにSDGsでは、目標の数だけでなく、目標設定もとても高いものになりました。例えば、MDGsでは「貧困を半分にする」でしたが、SDGsでは「あらゆる貧困をなくす」とともに、新たに「格差をなくす」ことが掲げられました。

　SDGsはその宣言文「2030アジェンダ」で以下のように述べています。

"(誰一人取り残さない)この偉大な共同の旅に乗り出すにあたり、我々は誰も取り残されないことを誓う。人々の尊厳は基本的なものであるとの認識の下に、目標とターゲットがすべての国、すべての人々及び社会のすべての部分で満たされることを望む。そして我々は、最も遅れているところに第一に手を伸ばすべく努力する。"

（「我々の世界を変革する：持続可能な開発のための2030アジェンダ[1]」パラグラフ4。下線は筆者による）

変革を支える資金を私たちの未来へ

　誰一人取り残さないためには、そのための政治的意志はもちろん、さまざまな制度の「変革」が必要になります。くわしいデータや、現地の事情、状況に基づいたきめ細やかな支援も欠かせません。加えて、SDGsには環境の側面が統合されていますので、これまでのやり方を根本的に変えることが求められます。SDGsがその文書のタイトルに「我々の世界を変革する」と掲げたのは、そのためです。

　この変革を2030年までに成し遂げるためには、膨大な資金が必要になります。その額は数兆ドルとも言われています。一方で、政府開発援助（ODA）の金額はせいぜい十数億ドル止まりです。それで、足りない資金をどうやって捻出するのかが、大きな議論となっているのです。

　SDGsが国連総会で採択される直前、この資金について話し合う「第3回国連開発資金会議」が、エチオピアの首都アディスアベバで開かれました。そこでは、ODAに加えて、民間の資金を活用することが重要だということになりました。さらに重要なのは、外国からの援助や投資のみならず、国内で集めることのできる資金を使えるようにする、つまり、その国の中できちんと税収を確保することが必要だ、という議論もされました。しかし、貧しい人々から税金を取ると、ま

すます貧困や格差に拍車をかけてしまうことになりかねません。むしろ、累進課税などの高所得者から的確に課税できる仕組みを整えるといった、社会的公平性を重視することが大切です。

さらには、本来、国家の税収となるはずの多額の資金が、脱税や行き過ぎた節税、違法な貿易取引などによって不正に国外に流出している、という現実があります。この途上国からの「不正な資金の流出」は膨大で、2004年から2013年の10年間で7兆ドル以上とも推計されています[2]。ODAをつうじて途上国に1ドルの支援が届くあいだに、10ドルが不正に流出しているのです。その額は、ODAと民間による海外直接投資を合計した額よりも大きくなっています[3]。

不正な資金流出は人権にかかわる大問題です。本来なら国庫に入り教育や保健に使われるお金が消えているのです。例えば、貿易の不正な価格操作によって、サブサハラ・アフリカ（アフリカ大陸の、サハラ砂漠よりも南の半分。もっとも貧しい地域とされる）から流出した、本来税収入になるはずだった資金は、年150億ドルにも上ります。国際NGOセーブ・ザ・チルドレンは、このお金があれば、180万人ものヘルスワーカーを雇うことができ、お母さんや子どもたちの健康を守れるはず、と訴えています[4]。

違法な資金の取引を大幅に削減することも、SDGsのターゲットの一つです[5]。脱税という明らかな違法行為だけでなく、国際社会では、タックスヘイブンなどを使った「税逃れ」対策も進んでいます。多国籍企業が、利益が生じた国できちんと税を納めるための国際的な仕組みを構築し、企業に「責任のある税務」を行わせることが、膨大な資金需要と供給のギャップを埋め、お金に関する世界の仕組みを公正にするためには欠かせません。

SDGsの目標の高さや必要とされる資金の膨大さは、私たちの暮らす世界の危機的な状況の裏返しでもあります。目標があれば、人はそれに向かって進むことができる——それが、MDGsが私たちに教えてくれたこと、そしてSDGsが私たちに求めていることではないでしょうか。

1　外務省仮訳, http://www.mofa.go.jp/mofaj/files/000101402.pdf
2　Illicit Financial Flow from Developing Countries:2004-2013,
　　GFI, http://www.gfintegrity.org/wp-content/uploads/2015/12/IFF-Update_2015-Final.pdf
3　同上
4　Making a Killing, Save the Children UK,
　　https://www.savethechildren.org.uk/sites/default/files/images/Making_a_Killing_NCBTD.pdf
5　ターゲット16.4

日本の子どもの貧困を解決する
一番確実な方法

みわよしこ

　この数年、社会問題としての「子どもの貧困」が注目を集めています。2013年6月には「子どもの貧困対策法」が成立しました。2013年12月、生活保護法改正と同時に成立した「生活困窮者自立支援法」には、貧困世帯の子どもたちに対する学習支援が盛り込まれています。翌2014年には内閣府に「子供の貧困対策本部」が設置されました。また市民の側からも、「子ども食堂」活動の急激な広がりなどのムーブメントが見られています。

　これらの施策には、どのような効果が期待できそうでしょうか？　不足があるとすれば、どこに、どのようにあるのでしょうか？

「お金」に分断されていく日本

　日本の相対的貧困率は、この数十年間、増加傾向にあります。相対的貧困率とは、その地域や社会の「ふつう」の生活をするにはお金が足りない人びとの割合です。

　1997年に14.6％だった相対的貧困率は、2012年には16.1％に達しました。さらに子どものいる家庭での増加が激しく、子どもの貧困率は1997年の13.4％から2012年の16.3％へと大きく増加しています。特に、ひとり親家庭の貧困は深刻で、相対的貧困率は54.6％（2012年）です（厚生労働省「国民生活基礎調査」2015年より）。また、この15年間、日本全体で高齢化が進行し、高齢者の貧困が拡大しています。2001年に1.8％だった生活保護率が上昇を続けている背景のうち最も大きいものは、高齢化です。同時に少子化も進行し、さらに子どもの貧困も拡大しているのが、日本の現状です。

「子どもの6人に1人が貧困」「ひとり親世帯の半数以上が貧困」という事実は、今や日本の常識になりつつあります。一方で、富裕層の多い地域を中心に「貧困の子どもって、どこにいるんですか？　私は見たことがありません」と語る人々もいます。まるで日本という国の中に、富裕の国・貧困の国の2つがバラバラに存在しているかのようです。

　富裕の国と貧困の国は、はっきりと地域で分かれている場合もあれば、同じ地

みわ・よしこ●東京理科大学大学院修士課程修了後、企業内研究者を経て、2000年より科学・技術分野を中心にフリーライターとして活動。現在は、立命館大学先端総合学術研究科一貫制博士課程に編入し、生活保護制度の研究を行いつつ、社会保障・高等教育まで分野を広げて執筆活動を続ける。著書は『生活保護リアル』(日本評論社)など。

域に入り混じっている場合もあります。すぐそばにいれば、人間としての交流が生まれて相互理解に至るとは限りません。互いの姿が見えてしまう近さゆえに、かえってリアリティのある嫌悪や反感が育まれてしまう場合もあります。

　日本には、貧困の国の子どもたちを支援するために用意された制度が、不十分ながら存在します。子どものためのお金を親に直接渡す制度もあります。とはいえ、お金を手にした親は、子どもの給食費や教材費を滞納したまま、滞納している家賃や水道光熱費を支払ってしまうことがあります。富裕の国の親は「子どものためのお金で、なぜ給食費を払わないの？」と疑問を持ちがちです。でも、親が住まいを失い、水道や電気が使えなくなったら、子どもは学校・学習どころではありません。ですから「給食費より家賃」という選択は、単純に批判されるべきものではないのですが、富裕の国からは、その背景は見えにくいのです。

　2つの国の子どもたちの育つ環境は、衣・食・住、親や身近な大人から学ぶ人間関係や触れる機会のある文化など、あらゆる面で大きく異なります。公立の小中学校は、2つの国の子どもたちが同じクラスで過ごすことのできる大切な場でもあります。しかし、小学1年生になって学校教育のスタートラインに立った瞬間、2つの国の子どもたちの置かれている状況は、すでに公平ではありません。服装（制服のある地域なら、制服の手入れ状況から家庭の状況が浮かびあがります）も、知っている文字や言葉の量も違います。家庭での食生活によって、身体の大きさを含め、発達に差がついてしまっている場合もあります。

　第二次世界大戦に従軍してイギリス軍の捕虜となった経験を持つ歴史学者の会田雄次は、体験記『アーロン収容所』の中で、イギリス軍人の階級と体格差の密接な関係という形で可視化された階級社会への驚きを語りました。現在の日本は既に、戦前のイギリス同等の階級社会・身分制社会となっているのかもしれません。

貧困を解消する方法は、とてもシンプル

　互いに理解しあうことは、もちろん大切ですが、それよりも今、待ったなしで重要なのは、日本の中の貧困の国の人びとを貧困でなくすることです。なぜなら、

貧困のままでは、日本の社会に充分に参加できないからです。貧困の国の人びとが社会に充分に参加すれば、2つの国の人びとが他の国を互いに知り、理解を深めることができます。協力も、できるかもしれません。

では貧困の国の人びとは、何があれば日本の社会に参加できるのでしょうか？

まず、飢えや見た目の貧しさがなく、心や身体に若干の余裕があり、恐れられたり遠ざけられたりされにくい状態にあることが必要です。たとえば、富裕の国の人が現在ロードショー中の映画への感動を語るとき、貧困の国の人が「チェッ、お金払って映画見られていいなあ」と答えるか、それとも「素敵な映画ですね、来週、私も行ってみます」と答えるかで、2人の関係は大きく変わるでしょう。

数多くの幸せな成り行きを生み出すためには、付き合いや娯楽を含めて、日本社会の人びとの多くが「普通」と感じる暮らしの基本が必要です。それは、絶対的貧困でも相対的貧困でもない暮らしであり、日本国憲法第25条の「健康で文化的な最低限度の生活」です。そのためには、「貧困」という障害を解消するために必要なだけのお金が、貧困状態にある人びと一人一人に渡る必要があります。渡す方法は、生活保護のような公的扶助・手当・年金などさまざまです。労働への報酬も、お金を渡すための方法の一つです。視力の悪い人にメガネが必要なのと同様、貧困状態の人が社会参加するには、貧困を解消できるお金が必要です。

働けば、貧困問題が解決されるとは限りません。もちろん、充分な収入を得られる仕事につけば、お金の貧困は解決します。しかし、貧困状態にある人が就ける仕事の報酬は最低賃金レベルであることが多いのです。特にひとり親が子どもを養うためには、しばしばダブルワークや長時間労働が必要です。すると時間や体力気力の余裕が失われ、子どもに向ける関心や時間は自動的に減ります。それでは、お金の貧困が別の形の貧困に付け替えられるだけです。

結局、貧困状態の人びとにお金を渡さなければ、貧困問題は解消しません。そのためには、どうしても、富裕の国から貧困の国へとお金を動かす必要があります。

「子ども食堂」や学習支援は、根本的な解決にはならない

お金だけあれば、日本の中の貧困の国で現在ただいま育っているさなかの子どもたちを貧困から救い出せるわけではありません。たとえば赤ちゃんには、自分のためのお金をミルクやオムツに換えて生き延びることはできないので、ケアをする誰かが、赤ちゃんの必要なものを買い、食べさせたり使わせたりする必要があります。お金は、もちろん必要です。でも、お金だけでは足りないのです。

この「お金だけでは足りない」部分を極めて不充分に補っているのが、子ども食堂や学習支援です。もちろん、栄養バランスの取れた食事を地域の人びとと共に味わう機会、伴走する大人たちと共に学習に取り組み人生を切り開く力をつける機会は、親の経済力と無関係に、すべての子どもに必要です。

　しかし、このような活動は、傷口に貼る絆創膏に例えられることがあります。絆創膏に出来るのは、傷口を守り、隠すことだけです。重要な役割ではありますが、傷や病気を生み出している原因の解決はできません。米国で生まれたフードバンクも、2000年代以後、「絆創膏でしかない」という批判をぶつけられ続けています。

　日本の中の富裕の国から貧困の国へのお金の移動が行われない限り、子どもの貧困は解消されません。そして、子ども食堂や学習支援の決定的な無力さは、お金をほとんど移動できないところにあります。

「現金給付アレルギー」を超えて

　子どもの貧困を解消するため、富裕の国から貧困の国に移動されたお金は、まず、親など子どものケアをする大人に渡され、子どものいる家庭の貧困を解消するために使われる必要があります。現金を手にした親は、給食費より家賃や水道光熱費の支払いを優先するばかりか、気に入らない子どもが飢えている前で宅配ピザを食べて虐待したり、パチンコや違法薬物に全額を使ったりするかもしれません。日本に根強い「貧困状態の親に現金を渡すからいけない」という考え方の背景には、このような残念な現実の数々があります。低所得層の親たちに対する現金給付への反感は、ときに「現金給付アレルギー」とまで呼ばれます。

　でも、今、社会の大人たちから、貧困状態にある子どもたちに対して最も向けられるべきなのは、その子どもたちと親たちにお金が足りないことに対する関心です。この問題を最も速く解決するためには、貧困の国の親たちへの現金給付を充実させるしかないと覚悟を固め、自らの心の中の「現金給付アレルギー」を克服することが必要です。さらに「親たちに現金給付を」と声を上げ、そうしない政府や逆行する政策を批判し、選挙に行って投票行動を行う努力を、粘り強く続ける必要もあります。

　日本の人びとが変われば、日本社会は変わり、動きます。

　心から「日本の子どもの貧困を解消したい」と望み、そのために必要なお金を動かすために声を上げ、次の選挙からでも必ず考えを尽くして投票することは、今、ただちに、あなたが一人で始められる社会変革です。

拡大する格差を解決する処方箋、グローバル・タックスの実現へ

上村雄彦

恐ろしいほどの格差の世界

　本書でも触れているとおり、現在世界では8億人が貧困や栄養失調に苦しむ一方、0.14%の富裕層が世界の金融資産の81.3%を持ち、たった62人が世界の下位36億人分の富を所有するなど、恐ろしいほどの格差が広がっています。

　これを読んで、何か遠くの世界の話のように聞こえる方もおられるかもしれません。しかし、6人に1人の子どもが貧困、30%以上の世帯が預貯金も含めた金融資産がゼロの日本も無関係ではないのです。

　日本も世界も、以前よりもずっと経済の規模は大きくなり、技術は進歩し、教育も普及し、衛生状態も改善されているはずなのに、なぜ貧困はなくならず、格差は広がるばかりなのでしょうか？

　それを理解するキーワードがお金です。ここではそれを、（1）タックス・ヘイブン、（2）マネーゲーム経済、（3）それらを打破する解決策としてのグローバル・タックス、という3つの観点から検討してみましょう。

パナマ文書が明らかにしたタックス・ヘイブンの問題

　2016年4月、国際調査報道ジャーナリスト連合が、パナマの法律事務所から漏洩した機密文書、いわゆる「パナマ文書」を世界に公表して大きな話題となりました。文書を通じて、ロシアのプーチン大統領の側近、中国の習近平国家主席の親族、俳優のジャッキー・チェンなど著名な政治家や経営者、セレブが資産隠しや税金逃れをしている実態が明るみに出、アイスランドの首相に至っては、その座を追われることとなりました。

　パナマ文書が明らかにしたのは、タックス・ヘイブンの問題です。租税回避地のことを指すこの言葉は、「そこにお金を持っていけば、自国で税金を払わずに済み、名前なども公開されずに、好き勝手にお金の出し入れができる国や地域のこと」をいいます。

　タックス・ヘイブンがあるおかげで、富裕層や大企業はどれだけ稼いでも、ど

うえむら・たけひこ●国連食糧農業機関住民参加・環境担当官、千葉大学大学院人文社会科学研究科准教授などを経て、現在、横浜市立大学教授。専門はグローバル政治論、グローバル公共政策論。著書に『不平等をめぐる戦争』（集英社新書）、編著に『世界の富を再分配する30の方法』（合同出版）などがある。

こにも税金を納めなくて済みます。しかし、それは本来入るべきお金が国庫に入らず、政府が十分な社会サービスを提供できなくなることを意味しています。また、富裕層や大企業が租税回避した「しわ寄せ」は、消費税の税率の引き上げなどで庶民が被り、大量の国債の発行で未来世代につけが回っています。このことが格差を拡大するのみならず、庶民の購買力を低下させ、結果として景気の低迷につながっているのです。

秘密性が一番の問題

タックス・ヘイブンの一番の問題はその秘密性です。タックス・ヘイブンは顧客の情報を秘匿するのみならず、顧客の要望に応じて、国籍や名前を変えることさえあります。それにより、どんなに悪いことをして稼いだお金であっても、タックス・ヘイブンを通せば「きれいな」お金になって戻ってくるし、お金がどのように流れたのかも見えなくできるのです。これをマネー・ロンダリング（資金洗浄）といいますが、麻薬の売買も、テロの資金も、不法な武器取引もこうしてやり取りされ、犯罪、テロ、紛争を作り出し、それによって貧困を助長しているのです。

それではいったい、タックス・ヘイブンにはどのくらいのお金が秘匿されているのでしょうか。その額は実に個人資産だけで2310兆円〜3520兆円で（1ドル＝110円で計算。以下同様）、企業の資産も含めるとざっと5000兆円ともいわれています。日本の1年間の税収が50兆円程度ですから、その100倍の規模。2015年の世界のGDP総計8030兆円と比べても、タックス・ヘイブンに秘匿されている資産は、その半分より多い額になります。

これでは、日本も含め世界全体でいくら経済が成長しても、政府には十分なお金が入らず、社会保障は拡充できないわけです。それ以上に、富裕層や大企業以外の庶民にはお金が回ってきません。

しかし、問題はそれだけではありません。

闇のお金はマネーゲームへ

　タックス・ヘイブンに流れた資金の多くは、マネーゲームに回されています。現に、世界の銀行資産の半分以上がタックス・ヘイブンを経由して送金され、国際的な銀行業務や債券発行業務の約85％がタックス・ヘイブンで行われています。株、債券、通貨、デリバティブなどに巨額の資金を投資（投機）し、その利ざやで儲けるこのゲームで、富裕層や大企業は「まともに働く」だけでは到底得られない巨利を手に入れることができるのです。

　このマネーゲーム経済の規模は、2012年のデータで実に2京9480兆円。同年の実体経済（世界のGDP総計）が8140兆円でしたから、マネーゲーム経済は実体経済の3倍以上に達したことになります。マネーゲーム経済は、それに参加できる富裕層や大企業を一方的に豊かにして格差を拡大させたばかりでなく、リーマンショックに代表されるように、これまで何度も通貨危機や金融危機を引き起こし、実体経済に破壊的な影響を与えてきました。今や1秒間に1000回以上の取引を行う高頻度取引が金融取引の主流となっていますが、それが金融市場の安定性を揺るがすなどの問題が指摘されています。

タックス・ヘイブンとマネーゲーム経済を解決するために

　格差や貧困の原因は多々あるでしょう。しかし、結局異様なまでの格差や貧困は、タックス・ヘイブンとマネーゲーム経済を抜きにして語れないのではないでしょうか。ということは、タックス・ヘイブンをなくし、マネーゲーム経済を抑制すればよいのです。その鍵となるのが、グローバル・タックスです。

　グローバル・タックスとは、大きく捉えれば、「グローバル化した地球社会を一つの"国"とみなして、地球規模で税制を敷くこと」です。具体的には、①世界で課税に関する情報を共有すること、②国境を越えた革新的な課税を実施すること、③課税・徴税・分配のための新たなガバナンス（統治）を創造すること、という3つの柱からなります。

　最初の「世界で課税に関する情報を共有する」は、ずばりタックス・ヘイブン対策です。世界で操業する多国籍企業に対して、国別に財務情報を出させ、利益をトータルに把握、合算して課税できるようにする、世界の税務当局の間で自国民の銀行口座情報を交換し合うことで課税のための情報を共有するなど、不透明な資金の流れを透明にして、租税回避を防ぐ具体的な方策が始まっています。

　2つ目の柱は、実際に革新的な税をかけることです。この観点から捉えると、

グローバル・タックスは「グローバルな資産や国境を超える活動に税金をかけ、悪い活動を抑制しながら、税収を地球規模課題の解決に充てる税制」といえます。これには、地球炭素税、金融取引税、武器取引税など、さまざまな構想があります。

たとえば、地球炭素税は、地球温暖化の原因である二酸化炭素の排出に税金をかけるしくみです。二酸化炭素を出せば出すほど税金がかかるので、そうならないよう二酸化炭素を削減しようという行動に結びつくとともに、税収は温暖化対策に使うことができる一石二鳥の効果があります。

金融取引税は、株式、債券、通貨、デリバティブなど金融商品の取引をすればするほど税金がかかる仕組みです。先ほど、一秒間に1000回以上の取引をコンピューターにさせる高頻度取引に触れましたが、もし金融取引税を実施すれば、取引をすればするほど費用がかかるので、そのような取引は抑制されます。そして、税収は格差や貧困問題に充てることができるのです。

最後の柱は、課税、徴税、税収の分配のためのガバナンスです。ガバナンスとは、「多様なアクターによる課題設定、規範形成、政策形成・決定・実施を含めた共治」のことを指します。その観点から現在の地球社会を見てみると、少数の強者や富める者「1％」によって運営され、大多数の弱者や貧しい人々の意見はあまり反映されない仕組みであることがわかります。

このような地球社会が、グローバル・タックスの導入によって、もっと民主的な運営に変わる可能性があるのです。なぜなら、納税者は桁違いに多数で多様になり、彼らに説明責任を果たすためには、お金の流れを透明にして示し、税収の使途についてはさまざまなアクターがかかわって、民主的に決定しないといけないからです。

おわりに

グローバル・タックスなど、夢物語に聞こえるかもしれません。しかし、本書の中で触れているとおり、すでに航空券連帯税として始まっているのです。そして、金融取引税についても、フランス、ドイツ、スペイン、イタリアを含めた10カ国が導入に向けて動いています。そんな中、日本はどうするのか？　世界でも、日本でもこれだけ拡大した格差を解決できる処方箋があるのです。本書が日本においてグローバル・タックスが導入される一里塚になることを祈念して、解説に代えたいと思います。

〈数字〉の出典と注釈

本文中の数字は、2016年10月時点での各専門機関の各種統計、年鑑などの最新データを参考にしています。ただし、入手できた最新データが数年前のものの場合もあるため、若干の誤差は事実に基づくフィクションとして処理しています。「100人村」換算をした際に生じる小数点以下の数字などについても、実数とズレが生じている場合があります。

P2−11 人口統計は国連人口部「世界人口推計2015年改訂版〈World Population Prospects, the 2015 Revision〉」を、スラム人口は国連ハビタット「World Cities Report 2016」を、宗教別人口は『ブリタニカ国際年鑑2016』（ブリタニカ・ジャパン）をそれぞれ参照。なお、子どもは0-14歳、お年寄りは65歳以上で計算。
https://esa.un.org/unpd/wpp/（国連人口部）
http://unhabitat.org/（国連ハビタット）

P18 GDPの推移は国際通貨基金(IMF)の〈World Economic Outlook Database〉を参照。
http://www.imf.org/external/data.htm（IMF）

P19−20 世界の総資産はクレディ・スイス「グローバル・ウェルス・レポート2015」を参照（世界の一般家計総資産残高は250.1兆ドル。最も裕福な上位1％は759,900ドル以上を持つ人たちで、上位1％で全家計資産の49％を、上位10％で87.7％を占める）。
https://www.credit-suisse.com/（クレディ・スイス）

P22−23 貧困や飢餓の改善などについては、国連「ミレニアム開発目標報告2015」を参照（1日1.25ドル未満で生活する人は、1990年47％から2015年14％に／改善された飲料水を使用している人は、1990年76％から2015年91％に／インターネット利用者は2000年6％から2015年43％に）。また、2000年時点の数値は世界銀行の貧困ラインのデータ〈povcalNet〉およびユニセフ「世界子供白書2002」を参照。中国の自家用車保有台数は「人民網日本語版」（2015年1月26日版）を参照。
http://www.un.org/millenniumgoals/（ミレニアム開発目標）
http://iresearch.worldbank.org/PovcalNet/（世界銀行）
http://www.unicef.or.jp/（日本ユニセフ協会）
http://j.people.com.cn/（人民網日本語版）

P29 日本の給与実態は国税庁「民間給与実態調査」を参照。2000年を基本にし、2015年までの増減を加算して集計（民間企業の平均給与は2000年408万円

から2015年361万円に)。内部留保（利益余剰金）の実態は財務省「年次別法人企業統計調査」を参照。
https://www.nta.go.jp/（国税庁）
http://www.mof.go.jp/（財務省）

P30－33 外国為替の世界シェアおよび取引額は国際決済銀行(BIS)の「Foreign exchange turnover in April 2016」を参照。ただし、為替シェアは売買で計200％となる数値のため、わかりやすく100％として換算。
http://www.bis.org/（BIS）

P38 世界の株価時価総額は国際取引所連合（WFE）「WFE H1 2016 Market Highlights」を参照。
http://www.world-exchanges.org/home/（WFE）

P41 世界の金融資産については、2014年4月の内閣府「国際金融センター、金融に関する現状等について」（2012年時点で金融資産268兆ドル／IMFによる推計）、クレディ・スイス「グローバル・ウェルス・レポート2015」を参照。

P45 「大金持ちが払う税金」とは所得税のこと。1974年の最高税率は75％、2015年は45％（財務省「所得税の税率構造の推移」より）。

P46－47 タックス・ヘイブン（租税回避）の規模については、2016年10月、国連人権理事会の専門家グループが推計した数値を参照（タックスヘイブンにある個人資産は推計7兆～25兆ドル）。租税回避しなければ各国が徴収できた税金の総額は少なくとも数千億ドルとされる。

P50－51 児童労働は、ユニセフの〈UNICEF global databases, 2016〉を参照（5-14歳までの子ども1億5000万人が労働に従事）。初等教育および中等教育の就学率、5歳未満の子どもの死亡率は、ユニセフ「世界子供白書2016」を参照（年間590万人が予防可能な原因によって命を落としている）。
https://data.unicef.org/（ユニセフ）

P52 難民については、ユニセフ「世界子供白書2016」および「国連難民高等弁務官事務所（UNHCR）の「Global Trends 2015」を参照（武力紛争によって被災した国や地域で生活している18歳以下の子どもは2億5000万人。難民は6530万人、うち51％が18歳以下の子ども）。
http://www.unicef.or.jp/（日本ユニセフ協会）
http://www.unhcr.or.jp（UNHCR）

P54-55 「貧しさをなくす方法」として提示した数字のうち、660億ドルは、極度の貧困ラインといわれる1日1.25ドル（ただし、現在は1日1.9ドル）から平均収入を引き、貧困にある約8億人を掛けた額で試算。1000億ドルは、①主に開発途上国で起こっている5歳児未満の死亡率および妊産婦の死亡率の引き下げのために必要な費用として世界銀行が試算（333億ドル）。②世界エイズ・結核・マラリア対策基金（GF）の2014-2016年までの資金不足として260億ドル。③3大感染症のほかに「顧みられない熱帯病（NTDS）」と呼ばれている17の感染症対策に340億ドル（WHO）。④すべての人が、基礎的な保健医療サービスを、必要な時に支払い可能な費用で受けられることを目指すユニバーサル・ヘルス・カバレッジ（UHC）の実現に370億ドル（WHO2010）。以上の4つの分野は相互に影響しあっているため、その合計の80％として試算。502億ドルは、途上国の貧困層の4分の3が住む農村地域での栄養改善や農業の発展から食料安全保障にいたるまでの費用として、国連農業食料機関（FAO）が追加資金として挙げた額。380億ドルは、初等教育と前期中等教育のために必要な費用と、現状の投入資金との差額。268億ドルは、安全な飲料水と衛生施設を継続的に利用するためにかかる費用としてWHOが挙げた費用（以上、「グローバル連帯税推進協議会最終報告書」より）。
http://isl-forum.jp/（グローバル連帯税フォーラム）

P56 国連の主な機関のうち、国連開発計画(UNDP)の年間予算が約45億ドル（2015年）、国連児童基金(ユニセフ)の支出総額が約51億ドル（2015年）。その合計を目安にした。

P58 アメリカの経済誌「フォーブス」2016年3月2日の発表（10億ドル以上の資産を所有する「ビリオネア」は世界に1810人、純資産の総額は6.48兆ドル）を参照。
http://www.forbes.com/（フォーブス）

P61 外国為替（通貨）取引額は、国際決済銀行（BIS）のデータを参照（2016年発表の1日当たりの取引額は5兆880億ドル）。本書では1日5兆ドルに外国為替市場の取引日数とされる約240日をかけて試算。ただし、税をかけると取引自体が減ると言われており、実現すれば、実際の税収は少なくなる。

P62-63 気候変動対策に必要な資金については、さまざまな機関によって推計が異なるため、緩和策と適応策に分けて試算された最大値を選択。緩和策では国際エネルギー機関（IEA）の1兆1000億ドルが最大、適応策では国連環境計画（UNEP）が最大で5000億ドルのため、合計が1兆6000億ドル。さらに、資金の流れが先進国と途上国でおよそ半々であるという実績から、その半分の8000億ドルと試算（「グローバル連帯税推進協議会最終報告書」より）。二酸化炭素の排出量は『EDMC/エネルギー・経済統計要覧〈2016年版〉』（省エネルギーセ

ンター）を参照（2013年の世界の二酸化炭素排出量は約329億トン）。本書では約300億トンとして試算。

P65　武器の取引については、ストックホルム国際平和研究所（SIPRI）のデータ〈SIPRI Arms Transfers Database〉を参照（2015年の世界の武器移転額は約286億ドル）。本書では輸出と輸入それぞれを300億ドルとして試算。
https://www.sipri.org/databases/（SIPRI）

P66－67　国際線旅客数は、国際民間航空機（ICAO）の「The World of Air Transport in 2015 ／ICAO Air Transport Reporting Form A and A-S plus ICAO estimates」を参照。航空券連帯税は、フランスが2006年7月から導入し、その後、韓国やチリ、カメルーン、コンゴ共和国、ギニア、マダガスカル、マリ、モーリシャス、ニジェールが導入（UNITAID「Audited Financial Statement for the year ended 31 December 2015」参照）。フランスの場合、（国内線／国際線）1.13ユーロ／4.51ユーロ（エコノミークラス）、11.27ユーロ／45.07ユーロ（ビジネス・ファーストクラス）を徴収。韓国の場合は、国際線に一律1000ウォンなど、国によって課税方法は異なる。この航空券連帯税により、2006年から2015年にかけて約15億ドルを受け取ったユニットエイド（UNITAID）は、その資金をマラリア、HIV／エイズ、結核の治療薬等の購入、途上国への配布にあて、大量購入による薬価の引き下げ、新薬開発にも貢献している。
http://www.icao.int/（ICAO）
http://isl-forum.jp/（国際連帯税フォーラム）
http://unitaid.org/en/（UNITAID）

P68　人口推計は国連人口部のデータを参照。

P69　「うばい合えば足らぬ　わけ合えばあまる」は、相田みつを『いのちいっぱい』（ダイヤモンド社）所収「わけ合えば」より引用。

〈編集協力〉

上村雄彦（横浜市立大学）／森下麻衣子（特定非営利活動法人オックスファム・ジャパン）／関澤春佳（動く→動かす／GCAP Japan、SDGs市民社会ネットワーク）／稲場雅紀（アフリカ日本協議会）／山田厚史（デモクラＴＶ）／田中徹二（グローバル連帯税フォーラム）／公益財団法人 日本ユニセフ協会 広報室　　（敬称略）

写真（p88）＝中島慶子

池田香代子
Kayoko Ikeda

1948年東京生まれ。ドイツ文学翻訳家・口承文芸研究家。1998年、『猫たちの森』(早川書房)で第1回日独翻訳賞を受賞。著作に『世界がもし100人の村だったら』(マガジンハウス)シリーズ、『魔女が語るグリム童話』(宝島社)など、翻訳にゴルデル『ソフィーの世界』(NHK出版)、ケストナー『飛ぶ教室』『エーミールと探偵たち』(岩波書店)、フランクル『夜と霧』(みすず書房)などがある。

C.ダグラス・ラミス
C.Douglas Lummis

1936年サンフランシスコ生まれ。カリフォルニア大学バークレー本校卒業。政治学者。1980〜2000年まで津田塾大学教授。現在は沖縄を拠点とし、沖縄キリスト教学院大学で客員教授をつとめている。著書に『ラディカル・デモクラシー――可能性の政治学』(岩波書店)、『要石:沖縄と憲法9条』(晶文社)、『戦争するってどんなこと?』『憲法は、政府に対する命令である。』(平凡社)などがある。

If the world were a village of 100 people
世界がもし100人の村だったら お金篇

たった1人の大金持ちと50人の貧しい村人たち

2017年1月30日　第1刷発行

著者	池田香代子 C.ダグラス・ラミス（対訳）
発行者	石崎 孟
発行所	株式会社マガジンハウス 東京都中央区銀座3-13-10 〒104-8003 書籍編集部 ☎03-3545-7030 受注センター ☎049-275-1811
イラストレーション	村田善子
ブックデザイン	林しほ
印刷所	大日本印刷株式会社
製本所	牧製本印刷株式会社

©2017 Kayoko Ikeda & C.Douglas Lummis, Printed in Japan
ISBN978-4-8387-2902-9 C0095

乱丁本・落丁本は購入書店明記のうえ、小社制作管理部宛にお送りください。
送料小社負担にてお取り替えいたします。
但し、古書店等で購入されたものについてはお取り替えできません。
定価はカバーと帯に表示してあります。
本書の無断複製（コピー、スキャン、デジタル化等）は禁じられています。
（但し、著作権法上での例外は除く）
断りなくスキャンやデジタル化することは著作権法違反に問われる可能性があります。

マガジンハウスのホームページ　http://magazineworld.jp/